Impressum
Verlag: BABADADA GmbH, Nedderfeld 112 , 22529 Hamburg
Geschäftsführer / Verlagsleitung: Harald Hof
Druck: Books on Demand GmbH, In de Tarpen 42, 22848 Norderstedt

Imprint
Publisher: BABADADA GmbH, Nedderfeld 112 , 22529 Hamburg, Germany
Managing Director / Publishing direction: Harald Hof
Print: Books on Demand GmbH, In de Tarpen 42, 22848 Norderstedt

la salle de classe
das Klassenzimmer

diviser
dividieren

186/2

le tableau noir
die Tafel

la cour (de récréation)
der Schulhof

le professeur
der Lehrer

le papier
das Papier

écrire
schreiben

le stylo
der Stift

le bureau
der Schreibtisch

la règle
das Lineal

le livre
das Buch

l'élève
die Schüler

le cartable
die Schultasche

la trousse
die Federmappe

le crayon
der Bleistift

le taille-crayon
der Bleistiftspitzer

la gomme
der Radierer

le carnet à dessin
der Zeichenblock

le dessin
die Zeichnung

le pinceau
der Pinsel

la boîte de peinture
der Malkasten

les ciseaux
die Schere

la colle
der Klebstoff

le cahier d'exercices
das Übungsheft

les devoirs
die Hausübung

le chiffre
die Zahl

additionner
addieren

soustraire
subtrahieren

multiplier
multiplizieren

calculer
rechnen

la lettre
der Buchstabe

l'alphabet
das Alphabet

le mot
das Wort

le texte

der Text

lire

lesen

la craie

die Kreide

la leçon

die Unterrichtsstunde

le livre de classe

das Klassenbuch

l'examen

die Prüfung

le certificat

das Zeugnis

l'uniforme scolaire

die Schuluniform

la formation

die Ausbildung

le lexique

das Lexikon

l'université

die Universität

le microscope

das Mikroskop

la carte

die Karte

la corbeille à papier

der Papierkorb

l'hôtel
das Hotel

l'auberge
die Jugendherberge

le bureau de change
die Wechselstube

la valise
der Koffer

la voiture
das Auto

la langue

die Sprache

oui / non

ja / nein

d'accord

Okay

Salut

Hallo

l'interprète

die Dolmetscherin

merci

Danke

Combien coûte...?

Wie viel kostet ...?

Je ne comprends pas

Ich verstehe nicht.

le problème

das Problem

Bonsoir !

Guten Abend!

Bonjour !

Guten Morgen!

Bonne nuit !

Gute Nacht!

Au revoir

Auf Wiederschaun!

la direction

die Richtung

les bagages

das Gepäck

le sac

die Tasche

le sac-à-dos

der Rucksack

l'hôte

der Gast

la pièce

das Zimmer

le sac de couchage

der Schlafsack

la tente

das Zelt

l'office de tourisme

die Touristeninformation

la plage

der Strand

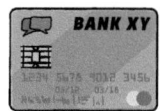

la carte de crédit

die Kreditkarte

le petit-déjeuner

das Frühstück

le déjeuner

das Mittagessen

le dîner

das Abendessen

le billet

die Fahrkarte

l'ascenseur

der Lift

le timbre

die Briefmarke

la frontière

die Grenze

la douane

der Zoll

l'ambassade

die Botschaft

le visa

das Visum

le passeport

der Pass

le voyage - die Reise

l'avion
das Flugzeug

le navire
das Schiff

le véhicule de pompiers
das Feuerwehrauto

le bus
der Bus

le camion
der Lastwagen

bateau à moteur
das Motorboot

la bicyclette
das Fahrrad

la voiture
das Auto

le ferry

die Fähre

la barque

das Boot

la moto

das Motorrad

la voiture de police

das Polizeiauto

la voiture de course

das Rennauto

la voiture de location

der Mietwagen

l'auto-partage

das Carsharing

la voiture de remorquage

der Abschleppwagen

la benne à ordures

der Müllwagen

le moteur

der Motor

l'essence

der Kraftstoff

la station d'essence

die Tankstelle

le panneau indicateur

das Verkehrsschild

le trafic

der Verkehr

l'embouteillage

der Stau

le parking

der Parkplatz

la gare

der Bahnhof

les rails

die Schienen

le train

der Zug

le tramway

die Straßenbahn

le wagon

der Wagon

l'hélicoptère

der Hubschrauber

l'aéroport

der Flughafen

la tour

der Tower

le passager

der Passagier

le conteneur

der Container

le carton

der Karton

le chariot

der Rollwagen

la corbeille

der Korb

décoller / atterrir

starten / landen

la ville

die Stadt

le village

das Dorf

le centre-ville

das Stadtzentrum

la maison

das Haus

le cinéma
das Kino

la publicité
die Werbung

le réverbère
die Straßenlaterne

la rue
die Straße

le taxi
das Taxi

le kiosque
der Kiosk

le piéton
der Fußgänger

le trottoir
der Gehsteig

le passage piéton
der Zebrastreifen

la poubelle
die Mülltonne

le carrefour
die Kreuzung

les feux de circulation
die Ampel

la cabane
die Hütte

l'appartement
die Wohnung

la gare
der Bahnhof

la mairie
das Rathaus

le musée
das Museum

l'école
die Schule

l'université

die Universität

la banque

die Bank

l'hôpital

das Spital

l'hôtel

das Hotel

la pharmacie

die Apotheke

le bureau

das Büro

la librairie

die Buchhandlung

le magasin

das Geschäft

le fleuriste

der Blumenladen

le supermarché

der Supermarkt

le marché

der Markt

le grand magasin

das Kaufhaus

la poissonnerie

der Fischhändler

le centre commercial

das Einkaufszentrum

le port

der Hafen

le parc

der Park

la banque

die Bank

le pont

die Brücke

les escaliers

die Stiege

le métro

die U-Bahn

le tunnel

der Tunnel

l'arrêt de bus

die Bushaltestelle

le bar

die Bar

le restaurant

das Restaurant

la boîte à lettres

der Briefkasten

le panneau indicateur

das Straßenschild

le parcmètre

die Parkuhr

le zoo

der Zoo

le réverbère

die Badeanstalt

la mosquée

die Moschee

la ville - die Stadt

la ferme
....
der Bauernhof

la pollution
....
die Umweltverschmutzung

la cimetière
....
der Friedhof

l'église
....
die Kirche

l'aire de jeux
....
der Spielplatz

le temple
....
der Tempel

le paysage
die Landschaft

la feuille
das Blatt

le panneau indicateur
der Wegweiser

le chemin
der Weg

le pré
die Wiese

la pierre
der Stein

l'arbre
der Baum

le randonneur
der Wanderer

la rivière
der Fluss

l'herbe
das Gras

la fleur
die Blume

la vallée

das Tal

la montagne

der Hügel

le lac

der See

la forêt

der Wald

le désert

die Wüste

le volcan

der Vulkan

le château

das Schloss

l'arc-en-ciel

der Regenbogen

le champignon

der Pilz

le palmier

die Palme

le moustique

der Moskito

la mouche

die Fliege

les fourmis

die Ameise

l'abeille

die Biene

l'araignée

die Spinne

le coléoptère

der Käfer

la grenouille

der Frosch

l'écureuil

das Eichhörnchen

le hérisson

der Igel

le lièvre

der Hase

la chouette

die Eule

l'oiseau

die Vogel

le cygne

der Schwan

le sanglier

das Wildschwein

le cerf

der Hirsch

l'élan

der Elch

le barrage

der Staudamm

l'éolienne

das Windrad

le panneau solaire

das Solarmodul

le climat

das Klima

le serveur
der Kellner

le menu
die Speisekarte

la chaise
der Sessel

la soupe
die Suppe

la pizza
die Pizza

les couverts
das Besteck

la nappe
die Tischdecke

les hors d'œuvre

die Vorspeise

le plat principal

das Hauptgericht

le dessert

die Nachspeise

les boissons

die Getränke

l'alimentation

das Essen

la bouteille

die Flasche

le fast-food
....
das Fastfood

les plats à emporter
....
das Streetfood

la théière
....
die Teekanne

le sucrier
....
die Zuckerdose

la portion
....
die Portion

la machine à expresso
....
die Espressomaschine

la chaise haute
....
der Kinderstuhl

la facture
....
die Rechnung

le plateau
....
das Tablett

le couteau
....
das Messer

la fourchette
....
die Gabel

la cuillère
....
der Löffel

la cuillère à thé
....
der Teelöffel

la serviette
....
die Serviette

le verre
....
das Glas

l'assiette
der Teller

l'assiette à soupe
der Suppenteller

la soucoupe
die Untertasse

la sauce
die Sauce

la salière
der Salzstreuer

le moulin à poivre
die Pfeffermühle

le vinaigre
der Essig

l'huile
das Öl

les épices
die Gewürze

le ketchup
das Ketchup

la moutarde
der Senf

la mayonnaise
die Mayonnaise

l'offre promotionnelle
das Angebot

le client
der Kunde

les produits laitiers
die Milchprodukte

les fruits
das Obst

le chariot
der Einkaufswagen

FOR

la boucherie
die Schlachterei

la boulangerie
die Bäckerei

peser
wiegen

les légumes
das Gemüse

la viande
das Fleisch

les aliments surgelés
die Tiefkühlkost

la charcuterie

der Aufschnitt

les conserves

die Konserven

la poudre à lessive

das Waschmittel

les bonbons

die Süßigkeiten

les articles ménagers

die Haushaltsartikel

les détergents

das Reinigungsmittel

la vendeuse

die Verkäuferin

la caisse

die Kassa

le caissier

die Kassiererin

la liste d'achats

die Einkaufsliste

les heures d'ouverture

die Öffnungszeiten

le portefeuille

die Brieftasche

la carte de crédit

die Kreditkarte

le sac

die Tasche

le sac en plastique

die Plastiktüte

l'eau

das Wasser

le jus de fruit

der Saft

le lait

die Milch

le coca

die Cola

le vin

der Wein

la bière

das Bier

l'alcool

der Alkohol

le chocolat chaud

der Kakao

le thé

der Tee

le café

der Kaffee

l'expresso

der Espresso

le cappuccino

der Cappuccino

la banane

die Banane

la pomme

der Apfel

l'orange

die Orange

le melon

die Melone

le citron.

die Zitrone

la carotte

die Karotte

l'ail

der Knoblauch

le bambou

der Bambus

l'oignon

die Zwiebel

le champignon

der Pilz

les noisettes

die Nüsse

les pâtes

die Nudeln

les spaghetti

die Spaghetti

le riz

der Reis

la salade

der Salat

les pommes frites

die Pommes frites

les pommes de terre rôties

die Bratkartoffeln

la pizza

die Pizza

le hamburger

der Hamburger

le sandwich

das Sandwich

l'escalope

das Schnitzel

le jambon

der Schinken

le salami

die Salami

la saucisse

die Wurst

le poulet

das Huhn

le rôti

der Braten

le poisson

der Fisch

les flocons d'avoine

die Haferflocken

le muesli

das Müsli

les cornflakes

die Cornflakes

la farine

das Mehl

le croissant

das Croissant

les petits-pains

die Semmel

le pain

das Brot

le pain grillé

der Toast

les biscuits

die Kekse

le beurre

die Butter

le fromage blanc

der Topfen

le gâteau

der Kuchen

l'œuf

das Ei

l'œuf au plat

das Spiegelei

le fromage

der Käse

la glace

die Eiscreme

le sucre

der Zucker

le miel

der Honig

la confiture

die Marmelade

la crème nougat

der Schokoladenaufstrich

le curry

das Curry

la ferme
das Bauernhaus

la botte de paille
der Strohballen

la grange
die Scheune

le champ
das Feld

le cheval
das Pferd

la remorque
der Anhänger

le poulain
das Fohlen

le tracteur
der Traktor

l'âne
der Esel

le mouton
das Schaf

l'agneau
das Lamm

la chèvre

die Ziege

la vache

die Kuh

le veau

das Kalb

le porc

das Schwein

le porcelet

das Ferkel

le taureau

der Stier

l'oie

die Gans

le canard

die Ente

le poussin

das Küken

la poule

das Huhn

le coq

der Hahn

le rat

die Ratte

le chat

die Katze

la souris

die Maus

le bœuf

der Ochse

le chien

der Hund

le chenil

die Hundehütte

le tuyau de jardin

der Gartenschlauch

l'arrosoir

die Gießkanne

la faucheuse

die Sense

la charrue

der Pflug

la faucille
die Sichel

la pioche
die Hacke

la fourche
die Mistgabel

la hache
die Axt

la brouette
die Schubkarre

la cuve
der Trog

le pot à lait
die Milchkanne

le sac
der Sack

la clôture
der Zaun

l'étable
der Stall

le serre
das Treibhaus

le sol
der Boden

les semences
die Saat

l'engrais
der Dünger

la moissonneuse-batteuse
der Mähdrescher

récolter

ernten

la récolte

die Ernte

l'igname

die Yamswurzel

le blé

der Weizen

le soja

das Soja

la pomme de terre

der Erdapfel

le maïs

der Mais

le colza

der Raps

l'arbre fruitier

der Obstbaum

le manioc

der Maniok

les céréales

das Getreide

la cheminée
der Schornstein

le toit
das Dach

la gouttière
die Regenrinne

la fenêtre
das Fenster

le garage
die Garage

la sonnette
die Klingel

la porte
die Tür

la poubelle
der Abfallkübel

la boîte aux lettres
der Briefkasten

le jardin
der Garten

le salon

das Wohnzimmer

la salle de bain

das Badezimmer

la cuisine

die Küche

la chambre à coucher

das Schlafzimmer

la chambre d'enfant

das Kinderzimmer

la salle à manger

das Esszimmer

le sol

der Boden

le mur

die Wand

le plafond

die Decke

la cave

der Keller

le sauna

die Sauna

le balcon

der Balkon

la terrasse

die Terrasse

la piscine

das Schwimmbad

la tondeuse à gazon

der Rasenmäher

la housse

der Bettbezug

la couette

die Bettdecke

le lit

das Bett

le balai

der Besen

le sceau

der Kübel

l'interrupteur

der Schalter

le papier peint
die Tapete

l'image
das Bild

la lampe
die Lampe

l'étagère
das Regal

l'armoire
der Schrank

la cheminée
der Kamin

la télé
der Fernseher

la fleur
die Blume

le coussin
der Polster

le vase
die Vase

le sofa
das Sofa

la télécommande
die Fernbedienung

le tapis
der Teppich

le rideau
der Vorhang

la table
der Tisch

la chaise
der Sessel

la chaise à bascule
der Schaukelstuhl

le fauteuil
der Sessel

le livre

das Buch

la couverture

die Decke

la décoration

die Dekoration

le bois de chauffage

das Feuerholz

le film

der Film

la chaîne hi-fi

die Stereoanlage

la clé

der Schlüssel

le journal

die Zeitung

la peinture

das Gemälde

le poster

das Poster

la radio

das Radio

le bloc-notes

der Notizblock

l'aspirateur

der Staubsauger

le cactus

der Kaktus

la bougie

die Kerze

le réfrigérateur
der Kühlschrank

le four à micro-ondes
die Mikrowelle

la balance de cuisine
die Küchenwaage

le grille-pain
der Toaster

le détergent
das Reinigungsmittel

le four
der Backofen

le compartiment congélateur
das Gefrierfach

la poubelle
der Abfallkübel

le lave-vaisselle
der Geschirrspüler

le four
der Herd

la casserole
der Topf

la marmite
der Eisentopf

le wok / kadai
der Wok / Kadai

la poêle
die Pfanne

la bouilloire electrique
der Wasserkocher

le cuiseur vapeur

der Dampfgarer

la plaque de cuisson

das Backblech

la vaisselle

das Geschirr

le gobelet

der Becher

la coupe

die Schale

les baguettes

die Essstäbchen

la louche

der Schöpflöffel

la spatule

der Pfannenwender

le fouet

der Schneebesen

la passoire

das Kochsieb

le tamis

das Sieb

la râpe

die Reibe

le mortier

der Mörser

le barbecue

der Grill

la cheminée

das Kaminfeuer

la planche à découper

das Schneidebrett

le rouleau à pâtisserie

das Nudelholz

le tire-bouchon

der Korkenzieher

la boîte

die Dose

l'ouvre-boîte

der Dosenöffner

les maniques

der Topflappen

le lavabo

das Waschbecken

la brosse

die Bürste

l'éponge

der Schwamm

le mixeur

der Mixer

le congélateur

die Gefriertruhe

le biberon

die Babyflasche

le robinet

der Wasserhahn

le chauffage
die Heizung

la douche
die Dusche

la serviette
das Handtuch

le rideau de douche
der Duschvorhang

le bain moussant
das Schaumbad

la baignoire
die Badewanne

le verre
das Glas

la machine à laver
die Waschmaschine

le carrelage
die Fliesen

le robinet
der Wasserhahn

le pot
der Nachttopf

le lavabo
das Waschbecken

les toilettes
das Klo

la toilette à la turque
die Hocktoilette

le bidet
das Bidet

l'urinoir
das Pissoir

le papier toilette
das Klopapier

la brosse à toilette
die Klobürste

la brosse à dents

die Zahnbürste

le dentifrice

die Zahnpasta

le fil dentaire

die Zahnseide

laver

waschen

la douche manuelle

die Handbrause

la douche intime

die Intimdusche

la vasque

die Waschschüssel

la brosse dorsale

die Rückenbürste

le savon

die Seife

le gel douche

das Duschgel

le shampooing

das Shampoo

le gant de toilette

der Waschlappen

l'écoulement

der Abfluss

la crème

die Creme

le déodorant

das Deodorant

le miroir

der Spiegel

le miroir cosmétique

der Kosmetikspiegel

le rasoir

der Rasierer

la mousse à raser

der Rasierschaum

l'après-rasage

das Rasierwasser

la peigne

der Kamm

la brosse

die Bürste

le sèche-cheveux

der Föhn

la laque pour cheveux

das Haarspray

le fond de teint

das Makeup

le rouge à lèvres

der Lippenstift

le vernis à ongles

der Nagellack

l'ouate

die Watte

le coupe-ongles

die Nagelschere

le parfum

das Parfum

la trousse de toilette

der Kulturbeutel

le tabouret

der Hocker

le pèse-personne

die Waage

le peignoir

der Bademantel

les gants de nettoyage

die Gummihandschuhe

le tampon

das Tampon

les serviettes hygiéniques

die Damenbinde

la toilette chimique

die Chemietoilette

le réveil
der Wecker

le doudou
das Kuscheltier

la voiture jouet
das Spielzeugauto

le hochet
die Rassel

la maison de poupée
das Puppenhaus

le cadeau
das Geschenk

le ballon
der Ballon

le lit
das Bett

la poussette
der Kinderwagen

le jeu de cartes
das Kartenspiel

le puzzle
das Puzzle

la bande dessinée
der Comic

les pièces lego

die Legosteine

les blocs de construction

die Bausteine

la figurine

die Actionfigur

la grenouillère

der Strampelanzug

le frisbee

das Frisbee

le mobile

das Mobile

le jeu de société

das Brettspiel

le dé

der Würfel

le train miniature

die Modelleisenbahn

la sucette

der Schnuller

la fête

die Party

le livre d'images

das Bilderbuch

la balle

der Ball

la poupée

die Puppe

jouer

spielen

le bac à sable

der Sandkasten

la balançoire

die Schaukel

les jouets

das Spielzeug

la console de jeu

die Spielkonsole

le tricycle

das Dreirad

l'ours en peluche

der Teddy

l'armoire

der Kleiderschrank

les vêtements

die Kleidung

les chaussettes

die Socken

les bas

die Strümpfe

le collant

die Strumpfhose

l'écharpe
der Schal

le parapluie
der Regenschirm

le t-shirt
das T-Shirt

la ceinture
der Gürtel

les bottes
die Stiefel

les pantoufles
die Hausschuhe

les baskets
die Turnschuhe

les sandales
die Sandalen

les chaussures
die Schuhe

les bottes de caoutchouc
die Gummistiefel

les sous-vêtements
die Unterhose

le soutien-gorge
der Büstenhalter

le maillot de corps
das Unterhemd

les vêtements - die Kleidung

le body

der Body

le pantalon

die Hose

le jean

die Jeans

la jupe

der Rock

le chemisier

die Bluse

la chemise

das Hemd

le pull

der Pullover

le sweat à capuche

der Kapuzenpullover

la veste

der Blazer

la veste

die Jacke

le manteau

der Mantel

l'imperméable

der Regenmantel

le costume

das Kostüm

la robe

das Kleid

la robe de mariée

das Hochzeitskleid

les vêtements - die Kleidung

le costume

der Anzug

la chemise de nuit

das Nachthemd

le pyjama

der Pyjama

le sari

der Sari

le foulard

das Kopftuch

le turban

der Turban

la burqa

die Burka

le caftan

der Kaftan

l'abaya

die Abaya

le maillot de bain

der Badeanzug

le maillot de bain

die Badehose

le short

die kurze Hose

la tenue d'entraînement

der Jogginganzug

le tablier

die Schürze

les gants

die Handschuhe

le bouton

der Knopf

les lunettes

die Brille

le bracelet

das Armband

le collier

die Halskette

la bague

der Ring

la boucle d'oreille

der Ohrring

le bonnet

die Mütze

le cintre

der Kleiderbügel

le chapeau

der Hut

la cravate

die Krawatte

la fermeture éclair

der Reißverschluss

le casque

der Helm

les bretelles

der Hosenträger

l'uniforme scolaire

die Schuluniform

l'uniforme

die Uniform

le bavoir

das Lätzchen

la sucette

der Schnuller

la lange

die Windel

le bureau
das Büro

l'armoire d'archivage
der Aktenschrank

le serveur
der Server

l'imprimante
der Drucker

l'écran
der Monitor

le papier
das Papier

le bureau
der Schreibtisch

la souris
die Maus

le classeur
der Ordner

le clavier
die Tastatur

la chaise
der Sessel

la corbeille à papier
der Papierkorb

l'ordinateur
der Computer

la tasse de café

der Kaffeebecher

la calculatrice

der Taschenrechner

l'internet

das Internet

l'ordinateur portable

der Laptop

la lettre

der Brief

le message

die Nachricht

le portable

das Handy

le réseau

das Netzwerk

la photocopieuse

der Kopierer

le logiciel

die Software

le téléphone

das Telefon

la prise

die Steckdose

le fax

das Fax

le formulaire

das Formular

le document

das Dokument

acheter

kaufen

payer

bezahlen

faire du commerce

handeln

la monnaie

das Geld

le dollar

der Dollar

l'euro

der Euro

le yen

der Yen

le rouble

der Rubel

le franc suisse

der Franken

le renminbi yuan

der Renminbi Yuan

la roupie

die Rupie

le distributeur automatique

der Bankomat

le bureau de change

die Wechselstube

l'or

das Gold

l'argent

das Silber

le pétrole

das Öl

l'énergie

die Energie

le prix

der Preis

le contrat

der Vertrag

la taxe

die Steuer

l'action

die Aktie

travailler

arbeiten

l'employé

der Angestellte

l'employeur

der Arbeitgeber

l'usine

die Fabrik

le magasin

das Geschäft

l'économie - die Wirtschaft

l'agent de police
der Polizist

le pompier
der Feuerwehrmann

le cuisinier
der Koch

le médecin
die Ärztin

le pilote
der Pilot

le jardinier
der Gärtner

le menuisier
der Tischler

la couturière
die Schneiderin

le juge
der Richter

le chimiste
die Chemikerin

l'acteur
der Schauspieler

le conducteur de bus

der Busfahrer

le chauffeur de taxi

der Taxifahrer

le pêcheur

der Fischer

la femme de ménage

die Putzfrau

le couvreur

der Dachdecker

le serveur

der Kellner

le chasseur

der Jäger

le peintre

der Maler

le boulanger

der Bäcker

l'électricien

der Elektriker

l'ouvrier

der Bauarbeiter

l'ingénieur

der Ingenieur

le boucher

der Schlachter

le plombier

der Installateur

le facteur

die Briefträgerin

le soldat

der Soldat

l'architecte

der Architekt

le caissier

die Kassiererin

le fleuriste

die Blumenhändlerin

le coiffeur

der Friseur

le contrôleur

der Schaffner

le mécanicien

der Mechaniker

le capitaine

der Kapitän

le dentiste

die Zahnärztin

le scientifique

der Wissenschaftler

le rabbin

der Rabbi

l'imam

der Imam

le moine

der Mönch

le prêtre

der Pfarrer

le marteau
der Hammer

les pinces
die Zange

le tournevis
der Schraubenzieher

la clé
der Schraubenschlüssel

la torche
die Taschenlampe

la pelleteuse

der Bagger

la boîte à outils

der Werkzeugkasten

l'échelle

die Leiter

la scie

die Säge

les clous

die Nägel

la perceuse

der Bohrer

réparer
reparieren

la pelle
die Schaufel

Mince !
Scheiße!

la pelle
die Kehrschaufel

le pot de peinture
der Farbtopf

les vis
die Schrauben

les instruments de musique
die Musikinstrumente

le haut-parleurs
der Lautsprecher

la batterie
das Schlagzeug

la guitare
die Gitarre

la contrebasse
der Kontrabass

la trompette
die Trompete

le piano

das Klavier

le violon

die Violine

la basse

der Bass

les timbales

die Pauke

le tambour

die Trommeln

le piano électrique

die Tastatur

le saxophone

das Saxophon

la flûte

die Flöte

le microphone

das Mikrofon

l'entrée
der Eingang

le tigre
der Tiger

la cage
der Käfig

le zèbre
das Zebra

l'alimentation animale
das Tierfutter

le panda
der Panda

les animaux
die Tiere

l'éléphant
der Elefant

le kangourou
das Känguru

le rhinocéros
das Nashorn

le gorille
der Gorilla

l'ours
der Bär

le chameau

das Kamel

l'autruche

der Strauß

le lion

der Löwe

le singe

der Affe

le flamand rose

der Flamingo

le perroquet

der Papagei

l'ours polaire

der Eisbär

le pingouin

der Pinguin

le requin

der Hai

le paon

der Pfau

le serpent

die Schlange

le crocodile

das Krokodil

le gardien de zoo

der Zoowärter

le phoque

die Robbe

le jaguar

der Jaguar

le poney

das Pony

le léopard

der Leopard

l'hippopotame

das Nilpferd

la girafe

die Giraffe

l'aigle

der Adler

le sanglier

das Wildschwein

le poisson

der Fisch

la tortue

die Schildkröte

le morse

das Walross

le renard

der Fuchs

la gazelle

die Gazelle

der Sport

l'american Football
das American Football

le cyclisme
das Radfahren

le tennis
das Tennis

le basket-ball
der Basketball

la natation
das Schwimmen

la boxe
das Boxen

le hockey sur glace
das Eishockey

le football
der Fußball

le badminton
das Badminton

l'athlétisme
die Leichtathletik

le handball
der Handball

le ski
das Skifahren

le polo
das Polo

sauter
springen

rire
lachen

embrasser
umarmen

marcher
gehen

chanter
singen

rêver
träumen

prier
beten

faire la bise
küssen

écrire
schreiben

dessiner
zeichnen

montrer
zeigen

pousser
drücken

donner
geben

prendre
nehmen

avoir

haben

faire

machen

être

sein

être debout

stehen

courir

laufen

trier

ziehen

jeter

werfen

tomber

fallen

être couché

liegen

attendre

warten

porter

tragen

être assis

sitzen

s'habiller

anziehen

dormir

schlafen

se réveiller

aufwachen

regarder

ansehen

pleurer

weinen

caresser

streicheln

peigner

frisieren

parler

reden

comprendre

verstehen

demander

fragen

écouter

hören

boire

trinken

manger

essen

ranger

zusammenräumen

aimer

lieben

cuire

kochen

conduire

fahren

voler

fliegen

faire de la voile
segeln

calculer
rechnen

lire
lesen

apprendre
lernen

travailler
arbeiten

se marier
heiraten

coudre
nähen

brosser les dents
Zähne putzen

tuer
töten

fumer
rauchen

envoyer
senden

la grand-mère
die Großmutter

le grand-père
der Großvater

le père
der Vater

la mère
die Mutter

le bébé
das Baby

la fille
die Tochter

le fils
der Sohn

l'hôte

der Gast

la tante

die Tante

l'oncle

der Onkel

le frère

der Bruder

la sœur

die Schwester

le front
die Stirn

l'œil
das Auge

l'épaule
die Schulter

le doigt
der Finger

le visage
das Gesicht

le menton
das Kinn

la main
die Hand

la poitrine
die Brust

la jambe
das Bein

le bras
der Arm

le bébé

das Baby

l'homme

der Mann

la femme

die Frau

la fille

das Mädchen

le garçon

der Junge

la tête

der Kopf

le dos
....
der Rücken

le ventre
....
der Bauch

le nombril
....
der Nabel

l'orteil
....
der Zeh

le talon
....
die Ferse

l'os
....
der Knochen

la hanche
....
die Hüfte

le genou
....
das Knie

le coude
....
der Ellbogen

le nez
....
die Nase

les fesses
....
das Gesäß

la peau
....
die Haut

la joue
....
die Wange

l'oreille
....
das Ohr

la lèvre
....
die Lippe

le corps - der Körper

la bouche

der Mund

la dent

der Zahn

la langue

die Zunge

le cerveau

das Gehirn

le cœur

das Herz

le muscle

der Muskel

les poumons

die Lunge

le foie

die Leber

l'estomac

der Magen

les reins

die Nieren

le rapport sexuel

der Geschlechtsverkehr

le préservatif

das Kondom

l'ovule

die Eizelle

le sperme

das Sperma

la grossesse

die Schwangerschaft

la menstruation
die Menstruation

le vagin
die Vagina

le pénis
der Penis

le sourcil
die Augenbraue

les cheveux
das Haar

le cou
der Hals

l'hôpital
das Spital

l'ambulance
die Rettung

le fauteuil roulant
der Rollstuhl

la fracture
der Bruch

le médecin
....
die Ärztin

le service des urgences
....
die Notaufnahme

l'infirmière
....
die Krankenschwester

l'urgence
....
der Notfall

inconscient
....
ohnmächtig

la douleur
....
der Schmerz

la blessure

die Verletzung

l'hémorragie

die Blutung

la crise cardiaque

der Herzinfarkt

l'attaque cérébrale

der Schlaganfall

l'allergie

die Allergie

la toux

der Husten

la fièvre

das Fieber

la grippe

die Grippe

la diarrhée

der Durchfall

le mal de tête

die Kopfschmerzen

le cancer

der Krebs

le diabète

die Diabetes

le chirurgien

der Chirurg

le scalpel

das Skalpell

l'opération

die Operation

le CT

das CT

la radiographie

das Röntgen

l'échographie

der Ultraschall

le masque

die Maske

la maladie

die Krankheit

la salle d'attente

das Wartezimmer

la béquille

die Krücke

le pansement

das Pflaster

le pansement

der Verband

l'injection

die Injektion

le stéthoscope

das Stethoskop

le brancard

die Trage

le thermomètre

das Thermometer

l'accouchement

die Geburt

la surcharge pondérale

das Übergewicht

l'appareil auditif

das Hörgerät

le désinfectant

das Desinfektionsmittel

l'infection

die Infektion

le virus

das Virus

le VIH / le sida

das HIV / AIDS

le médicament

die Medizin

la vaccination

die Impfung

les comprimés

die Tabletten

la pilule

die Pille

l'appel d'urgence

der Notruf

le tensiomètre

der Blutdruckmesser

malade / sain

krank / gesund

Au secours !

Hilfe!

l'alarme

der Alarm

l'assaut

der Überfall

l'attaque

der Angriff

le danger

die Gefahr

la sortie de secours

der Notausgang

Au feu!

Feuer!

l'extincteur

der Feuerlöscher

l'accident

der Unfall

la trousse de premier
secours

der Erste-Hilfe-Koffer

SOS

SOS

la police

die Polizei

l'Europe

das Europa

l'Amérique du Nord

das Nordamerika

l'Amérique du Sud

das Südamerika

l'Afrique

das Afrika

l'Asie

das Asien

l'Australie

das Australien

l'Océan atlantique

der Atlantik

l'Océan pacifique

der Pazifik

l'Océan indien

der Indische Ozean

l'Océan antarctique

der Antarktische Ozean

l'Océan arctique

der Arktische Ozean

le Pôle nord

der Nordpol

le Pôle sud

der Südpol

l'Antarctique

die Antarktis

la terre

die Erde

le pays

das Land

la mer

das Meer

l'île

die Insel

la nation

die Nation

l'état

der Staat

le cadran

das Ziffernblatt

l'aiguille des heures

der Stundenzeiger

l'aiguille des minutes

der Minutenzeiger

l'aiguille des secondes

der Sekundenzeiger

Quelle heure est-il ?

Wie spät ist es?

le jour

der Tag

le temps

die Zeit

maintenant

jetzt

la montre digitale

die Digitaluhr

la minute

die Minute

l'heure

die Stunde

lundi
der Montag

mercredi
der Mittwoch

vendredi
der Freitag

mardi
der Dienstag

samedi
der Samstag

jeudi
der Donnerstag

dimanche
der Sonntag

hier

gestern

aujourd'hui

heute

demain

morgen

le matin

der Morgen

le midi

der Mittag

le soir

der Abend

les jours ouvrables

die Arbeitstage

le week-end

das Wochenende

la pluie
der Regen

l'arc-en-ciel
der Regenbogen

la neige
der Schnee

le vent
der Wind

le printemps
der Frühling

l'automne
der Herbst

l'été
der Sommer

l'hiver
der Winter

la météo
die Wettervorhersage

le thermomètre
das Thermometer

la lumière du soleil
der Sonnenschein

le nuage
die Wolke

le brouillard
der Nebel

l'humidité
die Luftfeuchtigkeit

la foudre

der Blitz

la tonnerre

der Donner

la tempête

der Sturm

la grêle

der Hagel

la mousson

der Monsun

l'inondation

die Flut

la glace

das Eis

janvier

der Jänner

février

der Februar

mars

der März

avril

der April

mai

der Mai

juin

der Juni

juillet

der Juli

août

der August

septembre

der September

octobre

der Oktober

novembre

der November

décembre

der Dezember

les formes
die Formen

le cercle

der Kreis

le carré

das Quadrat

le rectangle

das Rechteck

le triangle

das Dreieck

la sphère

die Kugel

le cube

der Würfel

blanc

weiß

jaune

gelb

orange

orange

rose

pink

rouge

rot

violet

lila

bleu

blau

vert

grün

marron

braun

gris

grau

noir

schwarz

beaucoup / peu

viel / wenig

fâché / calme

wütend / friedlich

joli / laid

hübsch / hässlich

le début / la fin

der Anfang / das Ende

grand / petit

groß / klein

clair / obscure

hell / dunkel

frère / soeur

der Bruder / die Schwester

propre / sale

sauber / schmutzig

complet / incomplet

vollständig / unvollständig

le jour / la nuit

der Tag / die Nacht

mort / vivant

tot / lebendig

large / étroit

breit / schmal

comestible / incomestible

genießbar / ungenießbar

méchant / gentil

böse / freundlich

excité / ennuyé

aufgeregt / gelangweilt

gros / mince

dick / dünn

le premier / le dernier

zuerst / zuletzt

l'ami / l'ennemi

der Freund / der Feind

plein / vide

voll / leer

dur / souple

hart / weich

lourd / léger

schwer / leicht

faim / soif

der Hunger / der Durst

malade / sain

krank / gesund

illégal / légal

illegal / legal

intelligent / stupide

gescheit / dumm

gauche / droite

links / rechts

proche / loin

nah / fern

nouveau / usé

neu / gebraucht

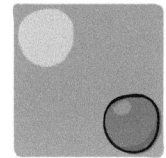

rien / quelque chose

nichts / etwas

vieux / jeune

alt / jung

marche / arrêt

an / aus

ouvert / fermé

offen / geschlossen

faible / fort

leise / laut

riche / pauvre

reich / arm

correct / incorrect

richtig / falsch

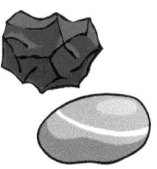

rugueux / lisse

rau / glatt

triste / heureux

traurig / glücklich

court / long

kurz / lang

lent / rapide

langsam / schnell

mouillé / sec

nass / trocken

chaud / froid

warm / kühl

la guerre / la paix

der Krieg / der Frieden

les oppositions - die Gegenteile

les nombres
die Zahlen

0

zéro

null

1

un / une

eins

2

deux

zwei

3

trois

drei

4

quatre

vier

5

cinq

fünf

6

six

sechs

7

sept

sieben

8

huit

acht

9

neuf

neun

10

dix

zehn

11

onze

elf

12

douze

zwölf

13

treize

dreizehn

14

quatorze

vierzehn

15

quinze

fünfzehn

16

seize

sechzehn

17

dix-sept

siebzehn

18

dix-huit

achtzehn

19

dix-neuf

neunzehn

20

vingt

zwanzig

100

cent

hundert

1.000

mille

tausend

1.000.000

le million

Million

les nombres - die Zahlen

l'anglais

Englisch

l'anglais américain

Amerikanisches Englisch

le chinois mandarin

Chinesisch (Mandarin)

le hindi

Hindi

l'espagnol

Spanisch

le français

Französisch

l'arabe

Arabisch

le russe

Russisch

le portugais

Portugiesisch

le bengali

Bengalisch

l'allemand

Deutsch

le japonais

Japanisch

je
....
ich

tu
....
du

il / elle / ce, c', cela
....
er / sie / es

nous
....
wir

vous
....
ihr

ils / elles
....
sie

Qui ?
....
Wer?

Quoi ?
....
Was?

Comment ?
....
Wie?

Où ?
....
Wo?

Quand ?
....
Wann?

le nom
....
Name

derrière
....
hinter

dans
....
in

devant
....
vor

au-dessus
....
über

sur
....
auf

en-dessous
....
unter

à côté de
....
neben

entre
....
zwischen

le lieu
....
der Ort